前　言

2020年年初，新冠肺炎疫情暴发并迅速蔓延，全球经济社会发展面临着前所未有的巨大挑战，我国奶业也经受着来自国内外多方面因素的影响。

在这场与新冠肺炎疫情的持续战斗中，健康成为全社会高度关注的话题，消费者对健康的需求更加迫切。“奶业是健康中国、强壮民族不可或缺的产业”的战略定位，彰显出更加深远的现实意义。

新冠肺炎疫情发生以来，针对奶业生产和发展，国家有关部门积极行动，农业农村部迅速组织地方奶业主管部门、国家奶牛产业技术体系、中国奶业协会和相关企事业单位等多方力量，及时调度、了解情况，会同有关部门制定政策措施，将乳品列入疫情期间保障供应产品名单并纳入应急运输保障范围，着力恢复正常流通秩序，推动全产业链复工复产，将奶业生产重点企业纳入疫情防控重点保障名单，减轻疫情对行业生产的不利影响。当前，我国奶业生产形势平稳有序，奶牛养殖、乳品加工、市场流通持续向好。

回顾2019年，全国各地各部门紧紧围绕奶业振兴的目标，积极谋划奶业转型升级，切实推进奶业节本、提质、增效，全力保障乳品有效供给，按照“四个最严”要求，切实保障奶业质量安全。连续第11年实施生鲜乳质量安全监测计划，生鲜乳、乳制品抽检合格率均达到99.7%以上，乳蛋白、乳脂肪的抽检平均值分别为3.25%、3.82%，达到发达国家水平。菌落总数、体细胞抽检平均值优于欧盟标准。三聚氰胺等违禁添加物抽检合格率持续保持100%，未发生重大乳品质量安全事件。《食品安全国家标准　生乳》等4项国家标准制修订工作稳步推进，国家发展改革委等7部委联合印发《国产婴幼儿配方乳粉提升行动方案》，明确婴幼儿配方乳粉发展思路。农业农村部印发《奶业品牌提升实施方案》，加强宣传推介，培育奶业知名品牌。持续组织开展中国小康牛奶行动、牛奶公益助学、奶酪校园推广行动，以及奶业振兴献礼祖国70华诞系列宣传活动。经过各方坚持不懈努力，我国奶业综合素质持续增强，质量安全水平立足高位实现再提升。

2020年是全面打赢脱贫攻坚战收官之年，要千方百计维护奶农利益，夯实奶业发展基础，保障乳品质量安全，提升奶业综合生产能力和国际竞争力，同时要科学应对疫情影响，我国奶业责任重大，使命光荣。新形势下，面临诸多困难和挑战，必须坚定信念，化

前言

危为机，推动奶业转型升级和高质量发展。

《中国奶业质量报告（2020）》延续历年做法，通过分析发布权威数据，分享奶业新变化、新动向，客观展示我国奶业振兴发展进程，增强广大消费者对国产乳制品的消费信心。

本报告得到了农业农村部、工业和信息化部、商务部、国家卫生健康委、海关总署、国家市场监管总局等有关部门，以及中国农业科学院、全国畜牧总站、国家奶牛产业技术体系的大力支持，在此一并表示诚挚的谢意！

中 国 奶 业 协 会

农业农村部奶及奶制品质量监督检验测试中心（北京）

2020 年 9 月

2020

中国奶业质量报告

中国奶业协会
农业农村部奶及奶制品质量监督检验测试中心（北京） 编

中国农业科学技术出版社

图书在版编目（CIP）数据

中国奶业质量报告 . 2020 / 中国奶业协会，农业农村部奶及奶制品质量监督检验测试中心（北京）编 . —北京：中国农业科学技术出版社，2020. 10

ISBN 978-7-5116-5058-0

Ⅰ. ①中… Ⅱ. ①中… ②农… Ⅲ. ①乳品工业—质量管理—研究报告—中国—2020 Ⅳ.①F426.82

中国版本图书馆 CIP 数据核字（2020）第 187653 号

责任编辑 金　迪　崔改泵
责任校对 贾海霞
出 版 者 中国农业科学技术出版社
北京市中关村南大街12号　　邮编：100081
电　　话 （010）82109194（编辑室）（010）82109702（发行部）
（010）82109709（读者服务部）
传　　真 （010）82109698
网　　址 http: // www.castp.cn
经 销 者 各地新华书店
印 刷 者 北京地大天成文化发展有限公司
开　　本 889mm×1 194mm　1/16
印　　张 3.25
字　　数 50千字
版　　次 2020年10月第1版　　2020年10月第1次印刷
定　　价 98.00元

中国奶业质量报告（2020）

编 委 会

主　任：杨振海

副主任：王俊勋　刘亚清　秦玉昌

委　员：邓兴照　卫　琳　张智山　李胜利　陈绍祜
　　　　李松励　郑　楠　王加启　闫青霞

编写人员

主　编：刘亚清　王加启

副主编：邓兴照　卫　琳　李松励　郑　楠　郭利亚

编　者：孙永健　李竞前　吕中旺　张　芳　黄京平
　　　　单吉浩　辛　宇　叶　丰　曹志军　文　芳
　　　　张养东　郝欣雨　曹　正

目 录

一、中国奶业质量安全概要

2019 年，我国奶业发展形势稳步向好，奶业生产和消费双增长，乳品质量持续保持较高水平，规模化养殖比例进一步提升，迈出了奶业振兴坚实的一步。一年来，中国奶业继续坚持优质安全、绿色发展的目标不动摇，生产变革与技术创新稳步加快，奶业全产业链素质稳步提升，品牌美誉度和国际竞争力逐步增强。

（一）乳品产量稳步提升

2019 年，全国奶类产量 3 297.6 万吨，同比增长 3.8%，中国乳制品产量 2 719.4 万吨，同比增长 5.6%，均实现 2015 年以来最大增幅。

（二）乳品质量持续提升

2019 年，生鲜乳抽检合格率 99.9%，同比持平；三聚氰胺等重点监控违禁添加物抽检合格率连续 11 年保持 100%。乳制品和婴幼儿配方乳粉的国家食品安全监督抽检合格率分别为 99.7% 和 99.8%。

（三）奶业产业素质加快提升

2019 年，中国奶业转型升级步伐进一步加快，标准化、规模化牧场已经成为发展主流，存栏 100 头以上规模化养殖比重达到 64.0%，同比提高 2.6 个百分点，比 2014 年提高 18.8 个百分点。奶牛单产水平进一步提高，达到 7.8 吨，同比增长 0.4 吨，比 2014 年增长 2.3 吨。规模化牧场 100% 实现机械化挤奶，95% 配备全混合日粮（TMR）搅拌车。

（四）质量安全监管工作成效明显

连续 11 年组织实施全国生鲜乳质量安全监测计划和专项整治行动，监测范围覆盖所有奶站和运输车，落实“确保婴幼儿配方乳粉奶源安全六项措施”，强化婴幼儿配方乳粉奶源监管，2019 年抽检生鲜乳样品 1.3 万批次，现场检查奶站 0.61 万个（次）、运输车 0.64 万辆（次）。严格进口乳制品监管，未准入境乳制品 71 批次，已全部按要求退货或销毁。

专栏一

持续强化顶层设计　奶业支持政策不断完善

农业农村部等 9 部委联合出台《关于进一步促进奶业振兴的若干意见》（以下简称《意见》），细化实化具体工作举措。国家发展改革委等 7 部委联合印发《国产婴幼儿配方乳粉提升行动方案》，实施品质提升、产业升级、品牌培育三大行动。工业和信息化部起草《乳制品行业规范条件》，在加工半径、日处理能力方面降低准入门槛。国家卫生健康委员会加快推进生乳国家标准的修订工作，市场监管总局举办“提升乳品质量企业公开承诺”活动，提升乳品质量安全水平。

全国 31 个省（区、市）以省政府名义印发了奶业振兴意见或工作方案，河北、内蒙古、黑龙江三省区制定了发展千万吨奶工程的实施计划，明确了主攻方向、推进措施和实施路径。

二、中国奶业生产与消费

(一)奶牛养殖

1. 奶类产量

2019 年，中国奶类产量 3 297.6 万吨，同比增长 3.8%，比 2014 年增长 0.6%（图 2-1）。其中，牛奶产量 3 201 万吨，同比增长 4.1%；羊奶等其他奶类产量 118 万吨，同比增长 2.0%。中国是世界奶业生产大国之一，奶类产量占全球总产量 4.5%。

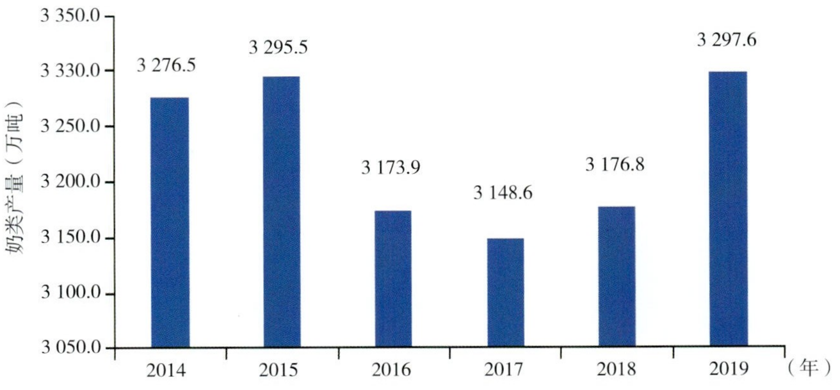

图 2-1　2014—2019 年中国奶类产量

数据来源：国家统计局

2. 规模养殖水平

2019 年，中国奶牛场（户）均存栏奶牛 166 头，同比增加 11 头，增幅 7.1%；规模化养殖进程进一步加快，100 头以上规模化养殖比例为 64.0%，同比提高 2.6 个百分点，比 2014 年提高 18.8 个百分点（图 2-2）。

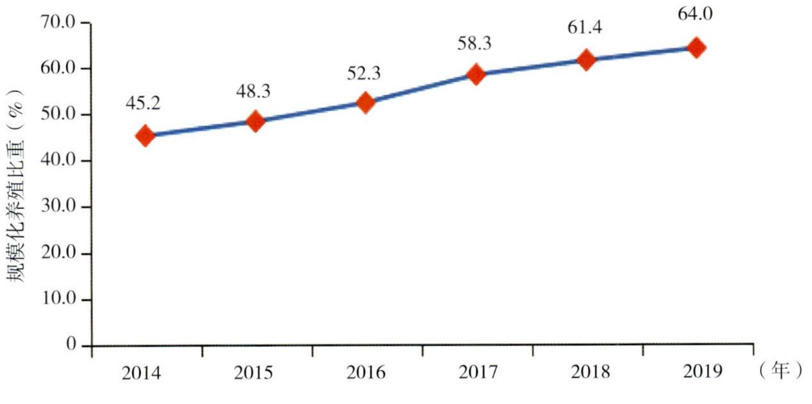

图 2-2　2014—2019 年中国奶牛 100 头以上规模养殖比重变化

数据来源：农业农村部

3. 奶牛单产水平

2019 年，全国荷斯坦奶牛平均单产 7.8 吨，同比增长 0.4 吨。对 1 364 个存栏 100 头以上的规模化牧场奶牛生产性能测定显示，奶牛测定日平均产奶 31.2 千克，折合 305 天产奶量 9.5 吨（表 2–1）。

表2–1　2014—2019年规模牧场奶牛平均单产

年度	参测牛（万头）	日产奶量（千克/天）
2014	73.8	25.8
2015	79.5	27.8
2016	100.5	28.1
2017	120.2	29.0
2018	123.8	30.0
2019	127.7	31.2

数据来源：中国奶业协会

4. 生鲜乳价格

2019 年 10 个主产省区[①]全年生鲜乳平均收购价格为 3.65 元 / 千克，同比增长 5.5%，生鲜乳价格均高于 2015—2018 年同期（图 2–3）。

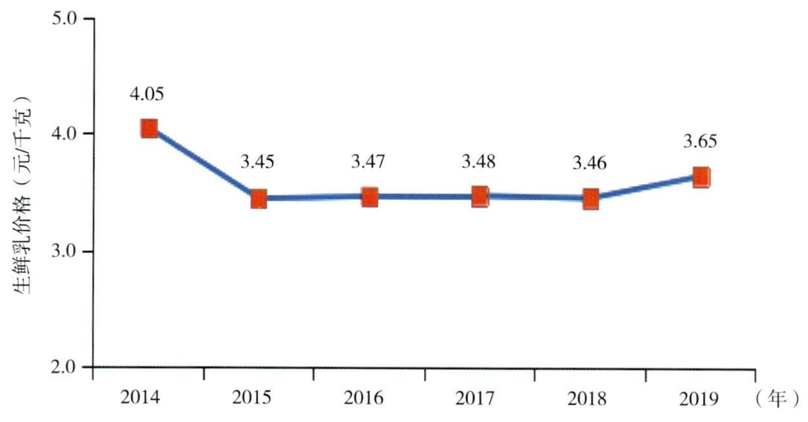

图 2–3　2014—2019 年奶业主产省区生鲜乳平均价格趋势

数据来源：农业农村部

① 10 个主产省区为：河北、山西、内蒙古自治区、辽宁、黑龙江、山东、河南、陕西、宁夏回族自治区、新疆维吾尔自治区

（二）乳制品加工

1. 乳制品产量

2019 年，中国规模以上乳制品加工企业（年主营业务收入 2 000 万元以上，下同）乳制品产量 2 719.4 万吨，同比增长 5.6%，比 2014 年增长 2.5%。其中，液态奶产量 2 537.7 万吨，同比增长 5.8%，比 2014 年增长 5.7%；奶粉产量 105.2 万吨，同比增长 2.4%，比 2014 年下降 30.2%（图 2-4）。

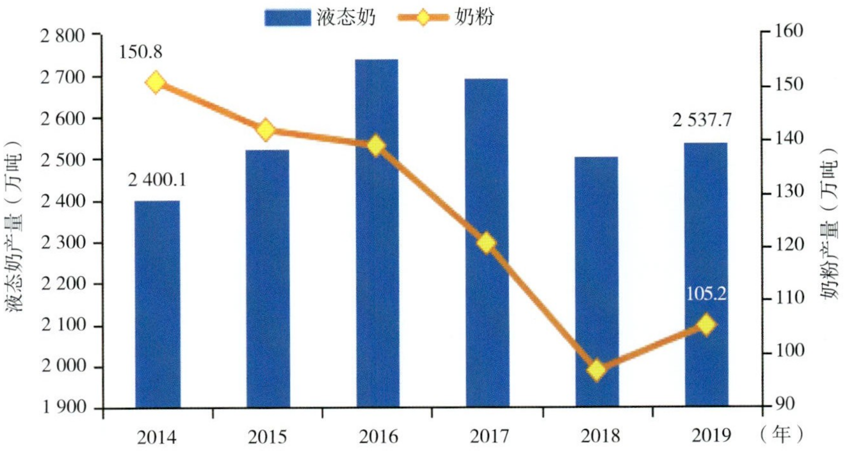

图 2-4　2014—2019 年中国乳制品产量变化

数据来源：国家统计局

2. 乳制品加工业集中度

2019 年，中国规模以上乳制品加工企业 565 家，同比减少 22 家，比 2014 年减少 71 家。

3. 乳制品价格

2019 年，中国牛奶平均零售价格为 11.9 元 / 千克，同比上涨 3.3%，比 2014 年上涨 12.3%；酸奶平均零售价格为 14.8 元 / 千克，同比上涨 2.8%，比 2014 年上涨 9.6%；国产品牌婴幼儿配方乳粉平均零售价格为 189.5 元 / 千克，同比上涨 5.4%，比 2014 年上涨 17.4%（图 2-5）。

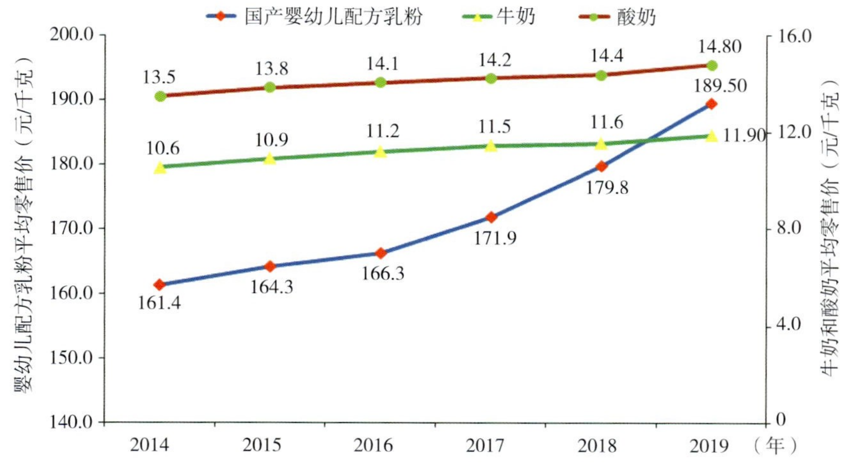

图 2–5　2014—2019 年国产乳制品平均零售价格

数据来源：商务部

4. 乳制品销售额和利润

2019 年，中国规模以上乳制品制造企业主营业务收入 3 947.0 亿元，同比增长 10.2%，比 2014 年增长 19.7%；利润总额 379.4 亿元，同比增长 61.4%，比 2014 年增长 4.3%（图 2–6）。

图 2–6　2014—2019 年中国乳制品加工企业主营业务收入和利润情况

数据来源：国家统计局

（三）乳制品及相关产品进出口

1. 乳制品进口

2019 年，中国进口乳制品 313.2 万吨，同比增长 11.22%，比 2014

年增长 53.7%（图 2-7）；进口总额 118.6 亿美元，同比增长 10.9%，比 2014 年增长 72.6%。2019 年进口乳制品折合生鲜乳 1 754.4 万吨。2019 年进口数量最大的前 4 种乳制品分别是大包奶粉、液态奶、乳清粉、婴幼儿配方乳粉，分别占 34.1%、31.1%、15.3% 和 11.6%。

从进口来源国看，排名前六位的分别是，新西兰 137.9 万吨，占 46.4%；美国 24.4 万吨，占 8.2%；荷兰 23.2 万吨，占 7.8%；澳大利亚 18.7 万吨，占 6.3%；法国 18.4 万吨，占 6.2%；德国 17.2 万吨，占 5.8%。其他国家共 57.4 万吨，占 19.3%（图 2-8）。

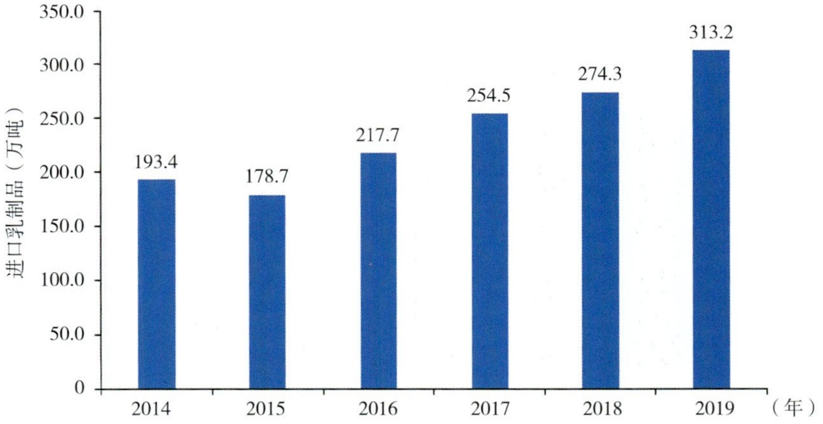

图 2-7　2014—2019 年中国进口乳制品数量

数据来源：海关总署

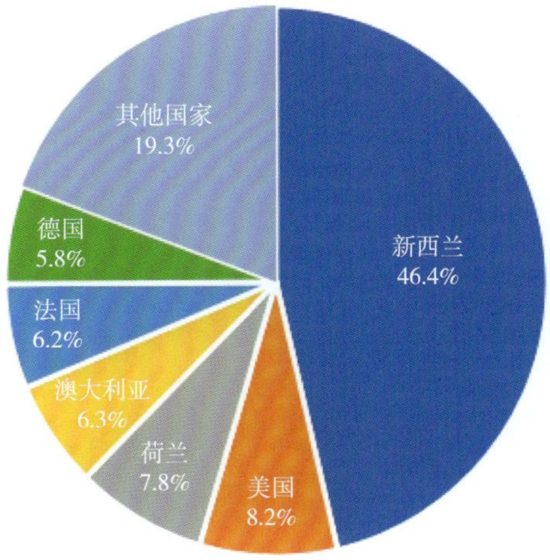

图 2-8　2019 年中国进口乳制品来源国

数据来源：海关总署

2. 奶牛和苜蓿进口

2019 年，中国进口种用奶牛数量增长明显。进口改良种用奶牛 6.47 万头，较 2018 年的 3.99 万头增加了近 62%。其中进口种用奶牛 3.86 万头，同比增长 17.0%；平均进口价格 1 792.6 美元 / 头，同比下降 0.73%。

2019 年，进口苜蓿干草 135.6 万吨，同比下降 1.8%，比 2014 年增长 53.4%（图 2-9）；平均进口价格 347 美元 / 吨，同比上涨 7.4%，比 2014 年下降 10.3%。

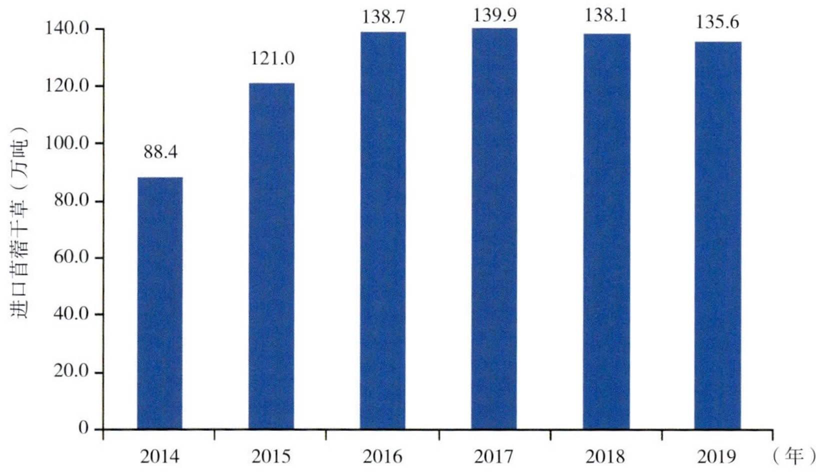

图 2-9　2014—2019 年中国进口苜蓿干草数量

数据来源：海关总署

3. 乳制品出口

2019 年，中国乳制品出口总量 5.4 万吨，比 2014 年增加 35.3%；婴幼儿配方乳粉出口总额 4.31 亿美元，同比增长 16.8%，比 2014 年增长 619.4%。

（四）乳制品消费

2019 年，中国人均乳制品消费量折合生鲜乳为 35.8 千克，约为世界平均水平的 1/3，以液态奶消费为主。美国奶酪人均消费 17.48 千克，折合生鲜乳 167 千克；欧盟奶酪人均消费 18.29 千克，折合生鲜乳 186 千克；我国奶酪人均消费 0.1 千克，折合生鲜乳 1 千克，相对偏低。

专栏二

奉献优质安全乳制品　推进中国奶业全面振兴

2019 年 11 月 27 日，中国奶业 20 强（D20）峰会在上海召开，农业农村部于康震副部长出席峰会并作主旨报告。

会议指出，党中央、国务院高度重视奶业发展，习近平总书记、李克强总理多次作出重要批示和指示。2018 年 6 月，国务院办公厅出台奶业振兴意见，为奶业发展指明了方向和路径。我们奶业人应以奉献优质安全乳制品、实现中国奶业全面振兴为使命，继续深入贯彻落实意见精神，充分发挥 D20 企业领军者的作用，攻坚克难，锐意进取，推进奶业振兴再上新台阶。

会议强调，要凝聚政府、企业、行业协会合力，打好奶业振兴攻坚战，推进奶业振兴再上新台阶。要充分发挥 D20 企业领军者作用，扛担当之责，在产业升级、质量安全、品牌建设、诚信自律方面做表率；领创新之风，强化产品、技术和管理创新，提升奶业综合竞争力；走融合之路，开展协同协作，促进生产链、利益链、供需链融合，实现上下游、产加销平衡发展。

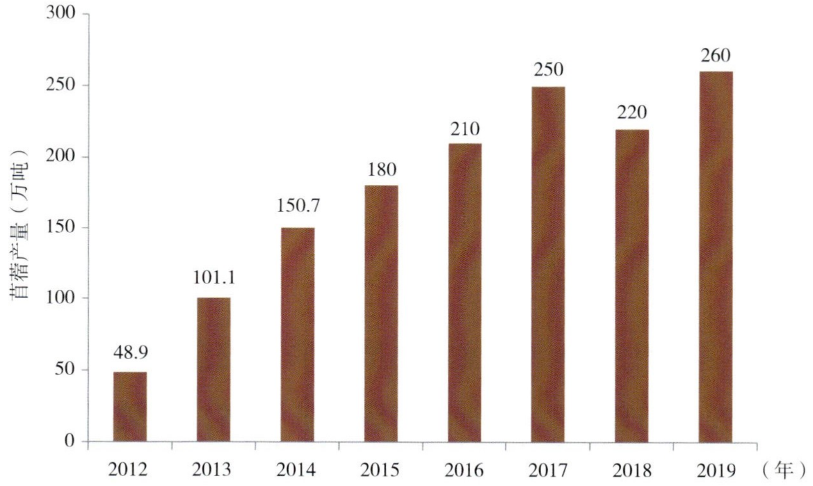

图 3-1　2012—2019 年中国优质苜蓿产量

数据来源：农业农村部

4. 生鲜乳收购站和运输车

通过严格落实生鲜乳收购站发证六项规定，执行《生鲜乳收购站标准化管理技术规范》，生鲜乳收购站的基础设施、机械设备、质量检测、操作规范、管理制度和卫生条件显著提升。奶业监管平台对全国 4 576 个生鲜乳收购站和 5 309 辆运输车进行了信息化、精准化管理，实现监管全覆盖，保障生鲜乳质量安全。

（二）生鲜乳质量安全

生鲜乳质量安全指标中，乳蛋白、乳脂肪是衡量生鲜乳营养价值的主要指标，杂质度、酸度、相对密度、非脂乳固体是体现生鲜乳理化性质的指标，菌落总数、体细胞数、黄曲霉素 M_1 是反映生鲜乳卫生状况的主要指标，铅、铬是判断生鲜乳是否受到重金属污染的主要指标，三聚氰胺、革皮水解物是判断生鲜乳中是否存在人为添加违禁物的指标。

农业农村部从 2009 年开始实施生鲜乳质量安全监测计划，重点监测生鲜乳收购站和运输车，检测指标包括乳蛋白、乳脂肪、杂质度、酸度、相对密度、非脂乳固体、菌落总数、黄曲霉素 M_1、体细胞数、铅、铬、三聚氰胺、革皮水解物等多项指标，累计抽检生鲜乳样品约 23 万批次（图 3-2、图 3-3）。

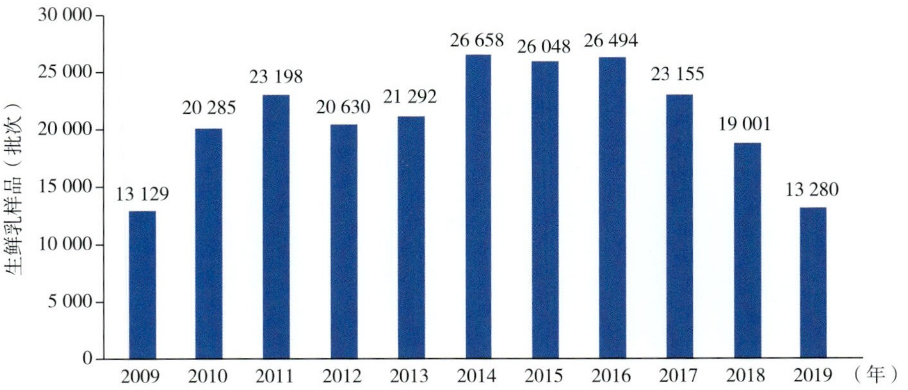

图 3–2　2009—2019 年抽检生鲜乳样品批次数

数据来源：农业农村部

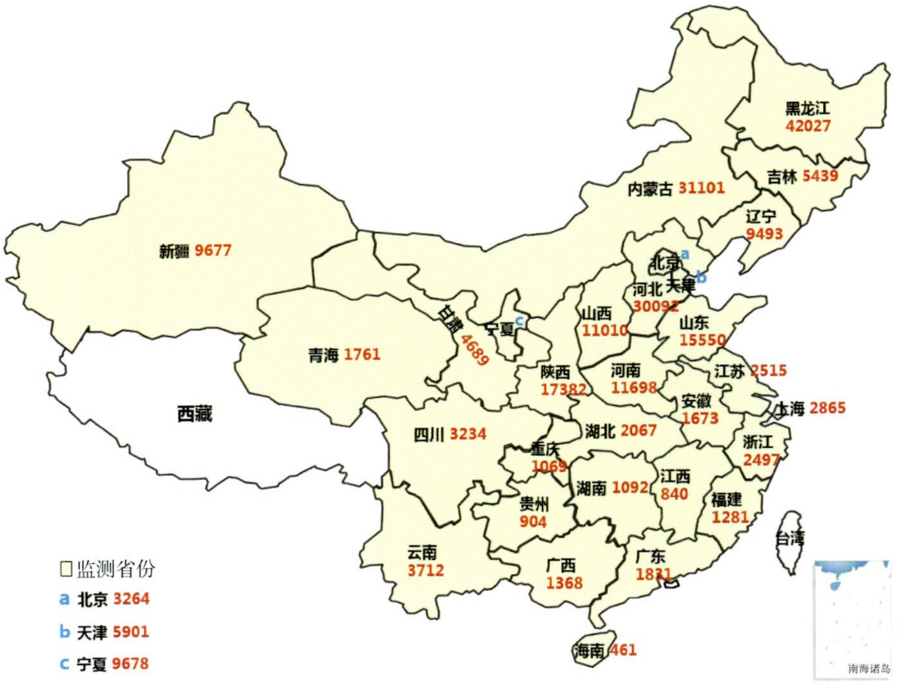

图 3–3　2009—2019 年生鲜乳监测计划覆盖省份及抽样量（示意图）

数据来源：农业农村部

1. 乳蛋白

乳蛋白是乳的主要成分之一，是反映牛奶营养品质的指标，乳蛋白含量国家标准为≥ 2.8g/100g。

2019 年，农业农村部对 1 432 批次生鲜乳样品进行监测，乳蛋白含量平均值为 3.25g/100g，同比持平，远高于国家标准（图 3–4），规模化牧场生鲜乳样品乳蛋白含量平均值为 3.34g/100g（图 3–5）。

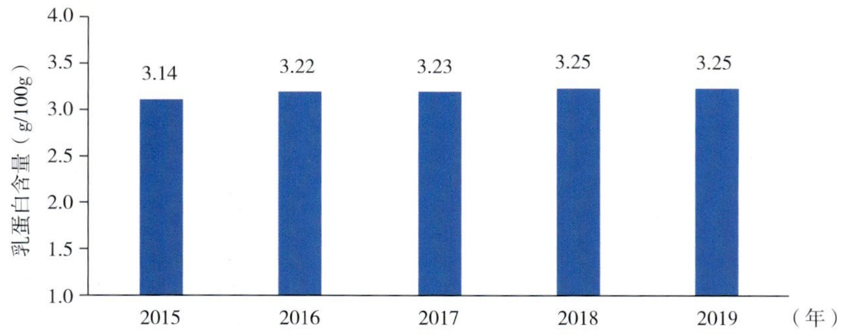

图 3–4　2015—2019 年全国生鲜乳样品中乳蛋白含量平均值

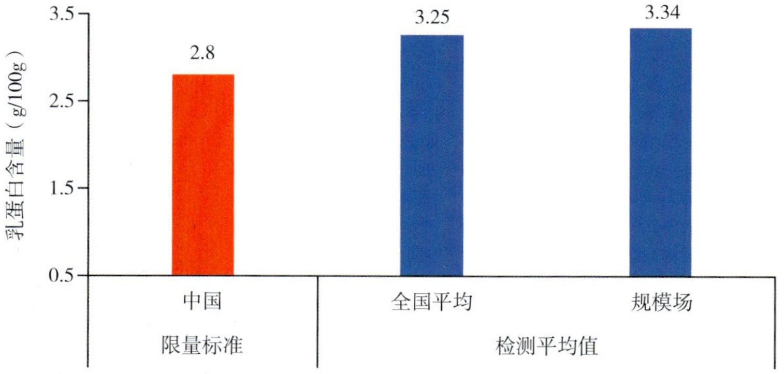

图 3–5　2019 年全国生鲜乳样品中乳蛋白含量与国家标准的比较

数据来源：农业农村部

2. 乳脂肪

乳脂肪是乳的主要成分之一，是反映牛奶营养品质的指标。乳脂肪含量国家标准为≥ 3.1g/100g。

2019 年，农业农村部对 1 432 批次生鲜乳样品进行监测，乳脂肪含量平均值为 3.82g/100g，远高于国家标准（图 3–6），规模化牧场生鲜乳样品乳脂肪含量平均值为 3.91g/100g（图 3–7）。

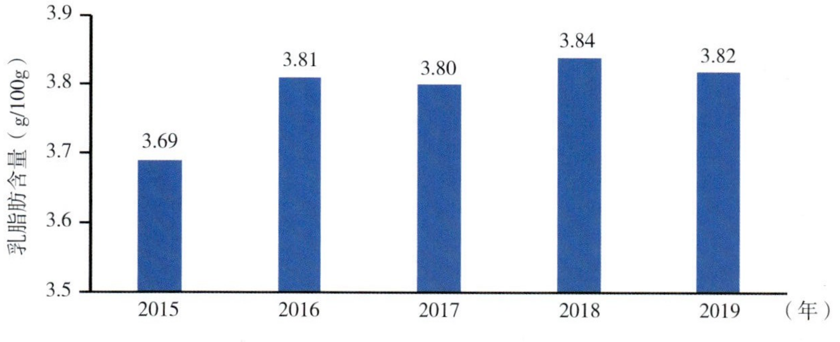

图 3–6　2015—2019 年全国生鲜乳样品中乳脂肪含量平均值

数据来源：农业农村部

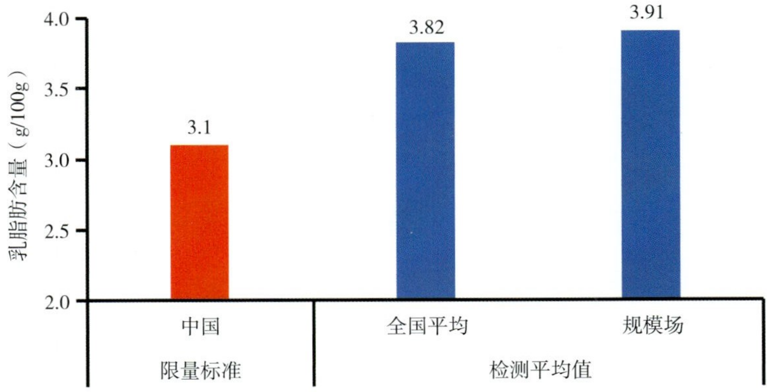

图 3-7　2019 年全国生鲜乳样品中乳脂肪含量与国家标准的比较

数据来源：农业农村部

3. 非脂乳固体

非脂乳固体是生鲜乳中除脂肪和水分外营养物质的总称，非脂乳固体含量国家标准为≥ 8.1g/100g。

2019 年，农业农村部对 1 432 批次生鲜乳样品进行监测，非脂乳固体含量平均值为 8.9g/100g，同比持平，高于国家标准（图 3-8）。

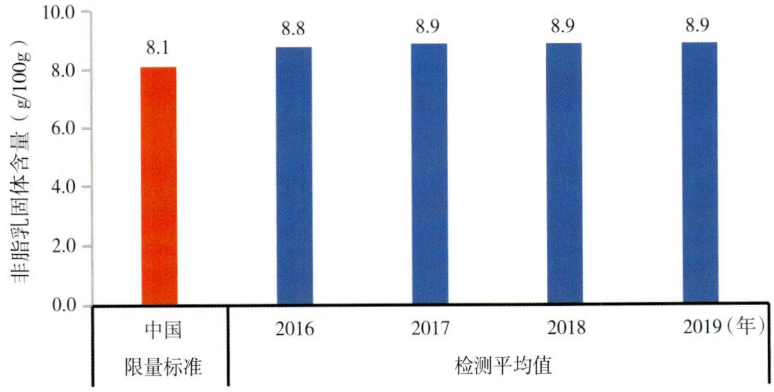

图 3-8　2016—2019 年全国生鲜乳样品中非脂乳固体含量与国家标准的比较

数据来源：农业农村部

4. 杂质度

杂质度是指生鲜乳中含有杂质的量，是衡量生鲜乳洁净度的重要指标，国家标准为≤ 4.0mg/kg。

2019 年，农业农村部对 1 432 批次生鲜乳样品进行监测，杂质度均符合国家标准，全年抽检合格率为 100%。

5. 酸度

酸度是评价生鲜乳新鲜程度的指标。国家标准规定，生鲜乳酸度范围为12~18°T。

2019 年，农业农村部对 1 432 批次生鲜乳样品进行监测，酸度平均值为 13.84°T，符合国家标准。

6. 相对密度

相对密度是反映生鲜乳是否掺水的重要指标，国家标准为 20℃ / 4℃≥ 1.027。

2019 年，农业农村部对 1 432 批次生鲜乳样品进行监测，相对密度平均值为 1.031，高于国家标准（图 3–9）。

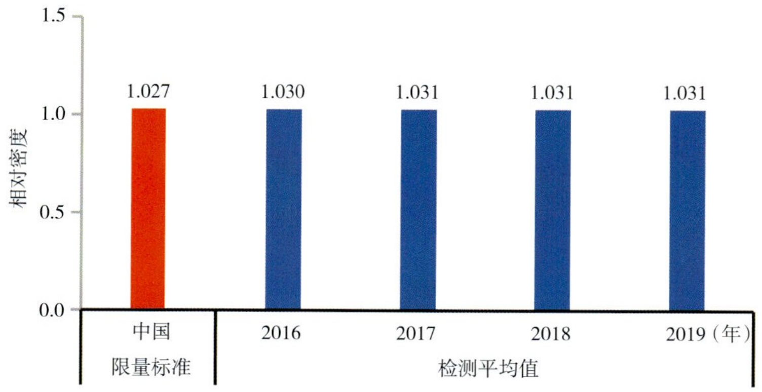

图 3–9　2016—2019 年全国生鲜乳样品中相对密度平均值与国家标准的比较

数据来源：农业农村部

7. 菌落总数

菌落总数是反映奶牛场卫生环境、挤奶操作环境、牛奶保存和运输状况的一项重要指标。生鲜乳中菌落总数过高，不仅会影响牛奶的口感，还可能使乳制品中的细菌数超标，从而对人体健康造成影响。世界各国都对生鲜乳中的菌落总数进行了限定。菌落总数的国家标准为≤ 200 万 CFU/mL。

2019 年，农业农村部对 1 697 批次生鲜乳样品进行监测，菌落总数平均值为 27.53 万 CFU/mL，同比降低 6.68%。另外对 200 个规模化牧场生鲜乳样品进行监测，菌落总数平均值为 6.06 万 CFU/mL，低于全国平均水平（图 3–10，图 3–11）。

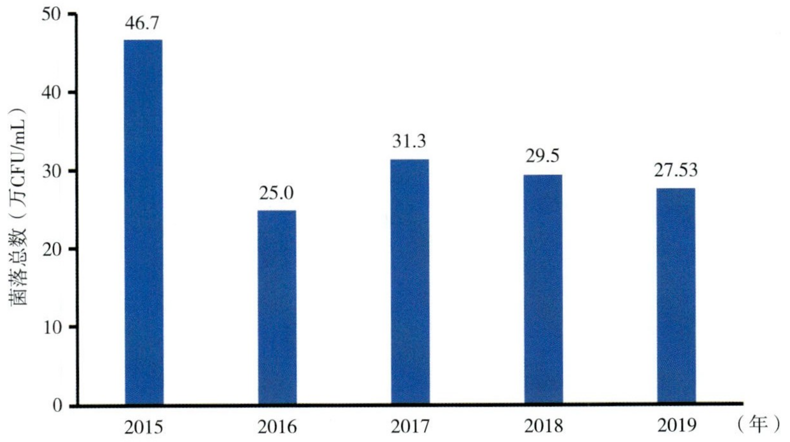

图 3-10　2015—2019 年全国生鲜乳样品中菌落总数平均值

数据来源：农业农村部

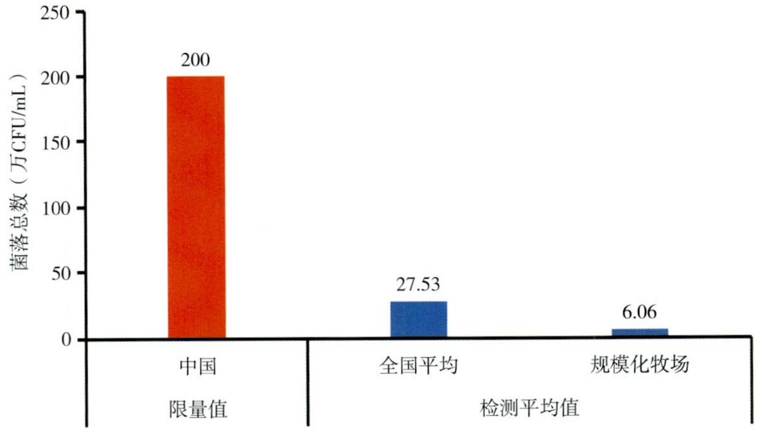

图 3-11　2019 年全国生鲜乳样品中菌落总数结果与国家标准的比较

数据来源：农业农村部

8. 体细胞数

体细胞数是衡量奶牛乳房健康状况和生鲜乳质量的一项重要指标，当奶牛乳房受到感染或伤害时，体细胞数会明显增加。体细胞数越高，生鲜乳中致病菌和抗生素残留的污染风险越大，对乳品质量的影响也越大。欧盟和新西兰规定生鲜乳中体细胞数≤ 40 万个 /mL，美国规定体细胞数≤ 75 万个 /mL（A 级奶、B 级奶），中国暂未规定。

2019 年，农业农村部对 1 697 批次生鲜乳样品进行监测，体细胞数平均值为 28.71 万个 /mL，低于欧盟、新西兰和美国标准，规模化牧场生鲜乳样品的体细胞数平均值 22.75 万个 /mL，低于全国平均水平（图 3-12）。

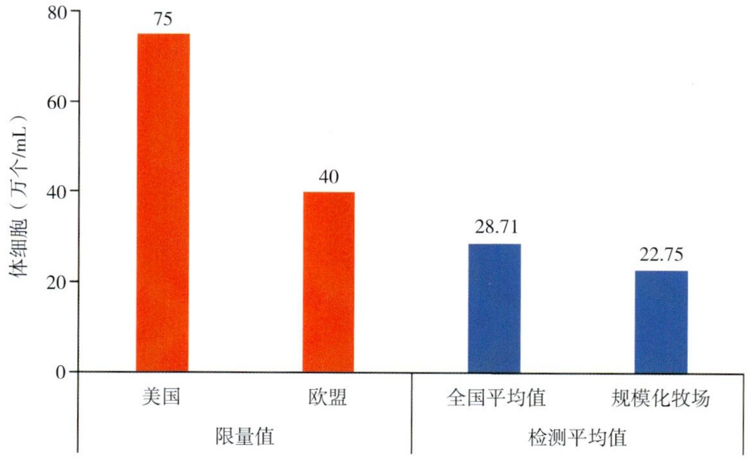

图 3–12　2019 年全国生鲜乳样品中体细胞数与美国、欧盟标准的比较

数据来源：农业农村部

9. 黄曲霉素 M_1

2019 年，农业农村部对 13 280 批次生鲜乳样品进行监测，黄曲霉素 M_1 检出样品的平均值为 0.039μg/kg，远低于国家标准 0.5μg/kg（图 3–13）。

图 3–13　2015—2019 年全国生鲜乳样品中黄曲霉素 M_1 含量平均值与中国和美国标准的比较

数据来源：农业农村部

10. 铅

生鲜乳中铅的国家标准为≤ 0.05mg/kg。2019 年，农业农村部对 2 309 批次生鲜乳样品进行监测，铅检出样品的平均值为 0.027mg/kg，远低于国家标准（图 3–14）。

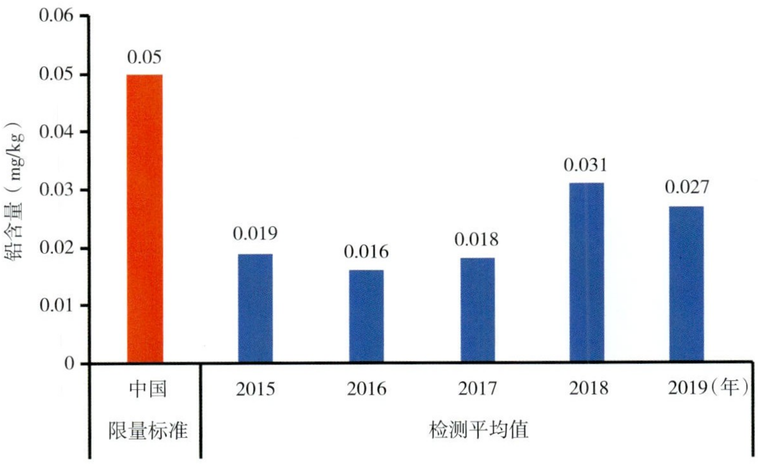

图 3-14　2015—2019 年全国生鲜乳样品中铅含量的平均值与国家标准的比较

数据来源：农业农村部

11. 铬

生鲜乳中铬的国家标准为≤ 0.3mg/kg。2019 年，农业农村部对 2 309 批次生鲜乳样品进行监测，铬检出样品的平均值为 0.047mg/kg，远低于国家标准（图 3-15）。

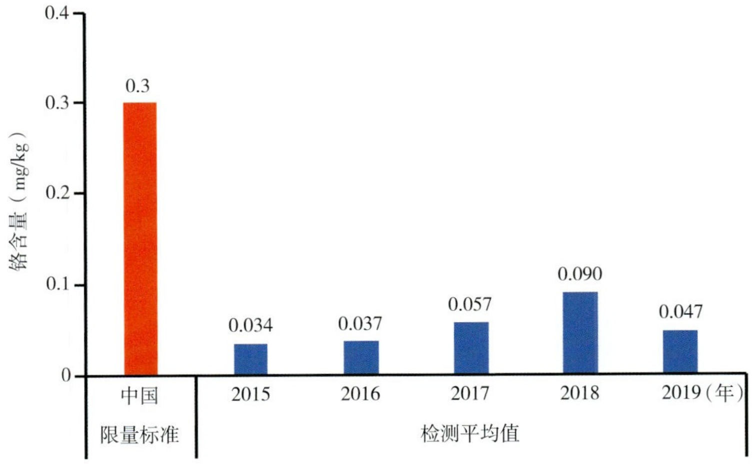

图 3-15　2015—2019 年全国生鲜乳样品中铬含量平均值与国家标准的比较

数据来源：农业农村部

12. 三聚氰胺

生鲜乳中三聚氰胺的国家标准为≤ 2.5mg/kg。2019 年，农业农村部对 11 484 批次生鲜乳样品进行监测，抽检合格率 100%（图 3-16）。

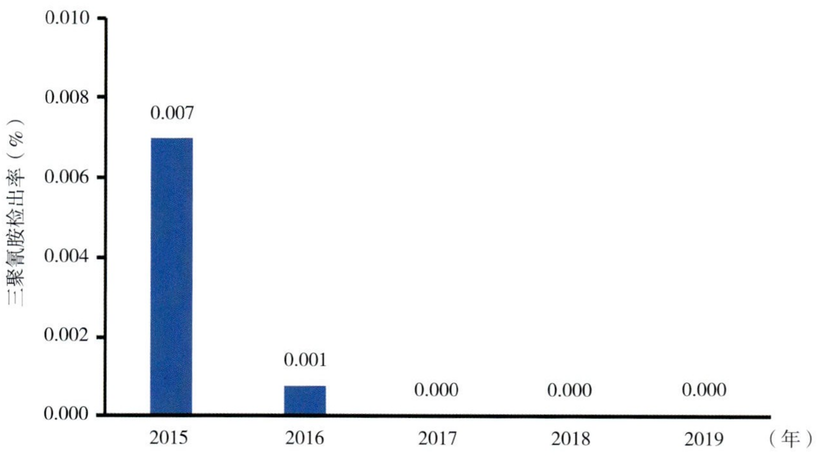

图 3-16　2015—2019 年全国生鲜乳样品中三聚氰胺检出率

数据来源：农业农村部

13. 革皮水解物

2009 年 2 月，革皮水解物被列入《食品中可能违法添加的非食用物质名单》中，禁止在乳及乳制品中添加，不得检出。

2019 年，农业农村部对 11 848 批次生鲜乳样品进行监测，均未检出革皮水解物。

（三）乳制品质量安全

1. 与国内其他食品比较

2019 年，国家市场监督管理总局完成国家食品安全监督抽检 24.4 万批次，总体合格率 97.6%，与上年持平。其中，乳制品、婴幼儿配方乳粉抽检合格率分别为 99.7%、99.8%（表 3-1）。

表3-1　2019年乳制品与食品抽检合格率比较

抽样	食品	乳制品	婴幼儿配方乳粉
合格比例（%）	97.6	99.7	99.8

数据来源：国家市场监督管理总局

2. 进口乳制品未准入境情况

2019 年，各进境口岸从来自 18 个国家或地区的乳制品中检出未准入境产品共计 71 批，约 346.8 吨。主要未准入境的原因为标签不合格、未按要求提供证书或合格证明材料、超过保质期、货证不符、污秽腐败、超范围使用食品添加剂、霉菌和菌落总数等指标超标。所有未准入境的乳制品均已在口岸退运或销毁。

2019 年，未准入境的婴幼儿配方乳粉 6 批次、约 17.4 吨，其中芬兰 3 批次、澳大利亚 2 批次、西班牙 1 批次（表 3–2）。

表3–2 进口乳制品未准入境情况

项目	未准入境乳制品、国别及不合格批次
类型	干酪（31）、消毒乳（13）、乳粉（10）、发酵乳（6）、婴配（6）、乳清粉（3）、巴氏杀菌乳（1）、调制乳（1）
进口国家	大洋洲：澳大利亚（6）、新西兰（4） 欧　洲：意大利（21）、德国（6）、法国（6）、波兰（5）、西班牙（3）、芬兰（3）、瑞士（2）、乌克兰（2）、丹麦（1）、英国（1） 北美洲：美国（1）、墨西哥（1）、加拿大（1） 亚　洲：越南（4）、台湾地区（3）、韩国（1）

数据来源：海关总署

（四）结论

2019 年监测结果表明，我国生鲜乳及奶产品质量安全风险可控，整体状况良好。

第一，生鲜乳中乳蛋白、乳脂肪等质量安全指标达到较高水平。监测结果表明，2013—2019 年，生鲜乳的乳蛋白和乳脂肪平均水平高于《食品安全国家标准　生乳》的要求，生鲜乳质量安全水平大幅提升。

四、中国奶业质量安全监管

2019 年，全面落实国务院办公厅关于推进奶业振兴意见和全国奶业振兴工作推进会议精神，按照农业农村部等 9 部委《关于进一步促进奶业振兴的若干意见》要求，加强协调配合，强化政策资金支持，协同推进奶业振兴重点工作。

（一）继续完善乳品法规标准

中国现行的奶业标准共有 200 多项，涵盖奶畜养殖、生鲜乳、乳制品、生产加工、质量控制以及检测方法等各个环节和领域，国内标准与国际通行标准的一致性逐步提高，乳品标准体系日趋完善，为规范乳品生产和质量控制提供了依据。2019 年，继续组织修订《食品安全国家标准　生乳》《食品安全国家标准　巴氏杀菌乳》《食品安全国家标准　灭菌乳》等乳品安全国家标准，制定《巴氏杀菌乳和 UHT 灭菌乳中复原乳检验方法》标准，按照食品安全国家标准制定修订工作程序稳妥推进。发布《浓缩乳》行业标准。开展《婴幼儿配方乳粉产品配方注册管理办法》修订工作，进一步严格配方注册，强化产品配方科学性、安全性审查，明确不予注册的情形，加大违规惩罚力度。2019 年，国家市场监督管理总局新增批准通过 13 家企业的 74 个婴幼儿乳粉配方。

（二）严格监控乳品质量安全

一是连续第 11 年实施生鲜乳质量安全监测计划。采取专项监测、飞行抽检、异地抽检、风险隐患排查等方式，共抽检 1.2 万批次生鲜乳样品。二是大力推进监管信息化、精准化。将全国 4 576 个生鲜乳收购站和 5 309 辆运输车，全部纳入监管监测信息系统，实时掌握奶站和运输车的运行和变化情况。三是继续开展生鲜乳专项整治行动。严查生鲜乳生产、收购、运输主体责任和监管责任落实，保持生鲜乳监管执法高压态势。据统计，全年各地累计出动执法人员 3.7 万人次，限期整改奶站 222 家、运输车 66 辆，取缔和吊销奶站 99 个、运输车 3 辆，依法注销奶站 18 个，注销运输车 109 辆。按照抽检分离的要求，在河北、内蒙古等 5 省（区）开展生鲜乳质量安全监督抽查，规范抽检程序，推动地方生鲜乳质量安全属地责任落实。四是加强乳制品质量安全监督抽检。2019 年生鲜乳、乳制品抽检合格率超过 99.7%，依法监督企业下架召回不合格产品，督促企业查找不合格原因并进行整改，对违法违规行为进行严肃处罚。

（三）全过程严格监管婴幼儿配方乳粉

一是源头严格控制。继续落实“确保婴幼儿配方乳粉奶源安全六项措施”，从奶源基地建设、饲草料供应、奶站和运输车监管、奶源质量安全抽检、培训推广关键技术、政策扶持六个方面确保婴幼儿配方乳粉奶源安全。二是过程严格管理。指导各省级市场监管部门建立婴幼儿配方乳粉生产企业食品安全体系检查常态化机制，每年完成对辖区婴幼儿配方乳粉生产企业全覆盖的体系检查，重点检查企业生产质量管理体系建立运行、食品安全管理制度落实等情况。三是强化监督抽检。组织开展婴幼儿配方乳粉“月月抽检”。每月对目前已获婴幼儿配方乳粉配方注册且在售的所有国产和进口在产婴幼儿配方乳粉生产企业进行抽检，检验项目覆盖所有相关食品安全国家标准，共计 65 个指标。在全国范围内开展乳制品监督抽检，重点加大对既往发现的主要不合格检验项目和不合格食品企业的抽检力度。四是加大处罚力度。对监督抽检发现的不合格产品及其企业，监管部门立即责令企业下架召回、停产整改。

（四）不断提高奶牛养殖竞争力

一是继续大力推动奶牛标准化规模养殖。开展奶牛养殖标准化示范创建，支持奶牛养殖场改扩建、小区牧场化转型和家庭牧场发展。累计支持 98 个奶牛养殖大县开展畜禽粪污处理利用工作，提升奶牛养殖的粪污资源化利用能力。二是加强奶牛良种繁育体系建设。推进落实奶牛遗传改良计划，继续实施优质奶牛种公牛培育技术应用示范项目，启动荷斯坦牛种质自主创新联合攻关，发布中国乳用种公牛遗传评估概要。三是持续开展奶牛生产性能测定工作。对 1 363 个奶牛场的 127.5 万头奶牛开展奶牛生产性能测定，推动提高饲养管理和育种选育水平。四是继续实施振兴奶业苜蓿发展行动。扩大粮改饲实施范围，将优质苜蓿基地建设规模由 50 万亩增加到 100 万亩，提高苜蓿生产专业化、标准化、规模化和集约化水平，助推提升奶牛生产效率和生鲜乳质量安全水平。五是全面组织开展奶农培训。累计培训奶牛场场长和技术骨干 5 000 余人次。

（五）大力提升乳品企业竞争力

一是优化乳制品产品结构。引导企业积极研发乳制品生产新工艺、新技术，因地制宜发展适合不同消费者需求的特色乳制品和功能性产品，提升产品价值链；推动发展奶酪等符合新的消费趋势的干乳制品。二是强化技术支撑。开展“基于 NMR 食品组学技术的婴幼儿配方乳粉和儿童含乳饮料成分非靶向分析与风险识别研究”“乳及乳制品中动物源性成分高通量筛查及定量鉴别方法研究”等 5 个项目研究，开展科技创新。三是继续推动乳品企业特别是婴幼儿配方乳粉企业兼并重组。总结交流各地区和典型企业的好做法和经验，督促重点地区加快落实兼并重组实施方案。四是提升乳品企业质量安全保障水平。督促企业定期开展自查，实施从配方研发、原料查验、生产管控、出厂检验到销售的全过程管控，切实防控食品安全风险隐患。鼓励企业全面实施良好生产规范、危害分析与关键控制点体系等生产质量管理体系。五是提升品牌影响力。国家发展改革委、农业农村部等 7 部委联合印发《国产婴幼儿配方乳粉提升行动方案》，实施品质提升、产业升级、品牌培育三大行动，着力提升国产婴幼儿配方乳粉的品质、竞争力和美誉度。

（六）提升奶业消费宣传

召开第五届中国奶业 20 强（D20）峰会，展示 D20 企业的品牌建设成就，展望中国奶业的光明美好未来。开展 D20 企业牛奶助学公益行动，向贫困地区捐赠价值 5 400 多万元的牛奶，惠及 100 万学子。印发《奶业品牌提升实施方案》，启动“奶香飘万家”行动，发布中国奶业质量报告（2019），普及乳品知识，介绍奶业质量安全情况，大力宣传优质奶业品牌。举办首届奶酪发展高峰论坛，培育乳制品新的消费增长点。推介湖南优卓牧业产业园等 11 个牧场为第三批全国休闲观光牧场，激发消费者对国产乳制品的消费信心和活力。

专栏四

致敬祖国 70 华诞　谱写奶业振兴新篇章

2019 年 7 月 13 日，第十届中国奶业大会暨 2019 中国奶业展览会在天津举办。中国工程院院士、中国奶业协会会长李德发在会上致欢迎词。

李德发会长指出，回顾 70 年发展历程，令人自豪、令人骄傲，中国奶业从百废待兴中起步，在改革开放中发展，在转型升级中振兴。

李德发会长强调，奶业振兴要树立问题导向，要努力解决好产品供需结构不平衡、产业竞争力不强、消费培育不足等突出问题。要深入贯彻落实《意见》精神，凝心聚力、奋勇拼搏。各级奶业协会要认真履行“协调、服务、维权和自律”职能，为政府、企业、会员做好服务。重点引导乳品企业优化乳制品产品结构，统筹发展液态乳制品和干乳制品。强化科技支撑，逐步提高奶业国际竞争力。推进生鲜乳价格协商机制建设，密切养殖加工利益联结。加强奶业宣传展示，引导和增加乳品消费。实施奶业品牌战略，引领奶业发展。倡导行业诚信自律，创建奶业诚信体系。

五、2020 年中国奶业质量安全工作重点

2020 年是全面建成小康的决胜之年、是奶业振兴的关键之年，落实国办奶业振兴意见和推动解决奶业发展中的实际问题，各相关部门、各地特别是奶业主产省抓好落实，补短板、强弱项，实施奶业提质增效行动，合力加快推进奶业振兴。

（一）严格乳品质量安全监管

健全乳品质量检验检测体系，完善乳品检测指标、检测标准和方法，研发准确度高、适用性强、成本低的检测技术，对乳品开展全程质量检测。加强乳品质量安全监管能力建设，提升基层监管水平。开展奶牛绿色健康养殖行动，严格奶牛养殖环节饲料、兽药等投入品使用和监管。加强对奶牛养殖、生鲜乳收购运输等重点环节监管，实施生鲜乳质量安全监测计划，开展生鲜乳专项整治和检查。推进地市级生鲜乳收购第三方质检中心建设试点。完善监管监测信息系统，实行奶牛养殖和生鲜乳收购、运输信息共享。引导奶牛养殖户将生鲜乳交售到合法的生鲜乳收购站，严厉查处非法收购生鲜乳和各类违法添加行为。

（二）加强婴幼儿配方乳粉监管

落实“确保婴幼儿配方乳粉奶源安全六项措施”，提高源头质量安全水平。对婴幼儿配方乳粉实施月月全项目抽检，及时公布不合格产品信息，倒逼食品生产经营企业落实食品安全主体责任。大力提倡和鼓励使用生鲜乳生产婴幼儿配方乳粉，支持企业建设自有自控奶源基地，不断提升婴幼儿配方乳粉企业的奶源供给和质量安全控制能力。进一步扩大婴幼儿配方乳粉质量安全追溯体系建设试点范围，引导更多骨干企业纳入试点。强化婴幼儿配方乳粉产品配方注册管理，保障配方科学性、安全性。

（三）强化优质奶源基地建设

大力发展优质饲草种植，新建 100 万亩高产优质苜蓿基地，示范推广奶牛饲喂青贮苜蓿技术。推广应用奶牛养殖、物联网技术及设备，推进“数字奶业信息服务云平台建设”。改造提升1 500个奶牛家庭牧场，搭建奶业社会化服务平台，帮助奶农补齐养殖技术和管理短板。推动开展奶业竞争力提升科技行动，组织实施“奶牛金钥匙”技术培训，提升精细化饲养管理水平。在内蒙古、黑龙江等奶业主产省（区）试点“奶农＋合作社＋公司”的奶业发展模式，支持和指导奶农发展乳制品加工试点，让养殖者分享加工与销售红利。

（四）推动乳制品加工业发展

修订生乳、灭菌乳等液态奶标准。加强产品研发，不断优化乳制品结构，大力发展低温乳制品，增加奶酪、黄油等干乳制品生产，丰富品种、提升品质，形成差异化竞争新优势。实施奶业品牌提升行动，用3年时间，显著提升国产婴幼儿配方乳粉的品质、竞争力和美誉度，提高市场占有率。推动《乳制品行业规范条件》尽快出台，解决奶农发展乳制品加工准入门槛限制。加强政策支持和技术指导，推动解决养殖、加工和市场开拓等方面困难，总结形成一批典型模式，加强示范推广。

（五）促进奶业宣传引导

大力宣传普及乳品知识，厘清消费误区，提升广大群众的认知度和信任度。倡导科学饮奶，普及巴氏杀菌乳、灭菌乳、奶酪等乳制品营养知识，培育国民食用乳制品特别是干乳制品的习惯。发布中国奶业质量年度报告，向社会传递中国乳品质量安全现状。大力推广国家学生饮用奶计划，继续实施小康牛奶行动，引导增加乳品消费。完善D20联盟运行机制，创新D20峰会召开形式，推进D20企业大联合、大协作，合力打造“中国奶业”这个大品牌。指导奶牛休闲观光牧场提升发展，让消费者切身感受国产牛奶安全生产的全过程，提振消费信心。

专栏五

拼搏进取的中国奶业 D20

中国 D20 企业联盟简介

D20 是指中国奶业 20 强企业，D 是 Dairy（奶业）的首字母。2015 年中国奶业协会根据乳品企业品质和口碑、品牌影响力、奶源基地建设、自建牧场奶牛存栏、生鲜乳收购量、销售额等指标，在全国 600 多家乳品企业中评选出综合排名前 20 位的企业，每三年进行一次调整。

在中国奶业协会推动下，成立了中国 D20 企业联盟，联盟秘书处设在中国奶业协会，负责中国 D20 企业联盟日常工作和 D20 峰会的组织工作。2015 年 8 月 18 日，在北京钓鱼台国宾馆召开首届峰会，汪洋副总理出席峰会并致辞。2016 年和 2017 年先后在河北石家庄和黑龙江齐齐哈尔召开第二、第三届峰会，农业农村部韩长赋部长、于康震副部长以及工业和信息化部、海关总署、国家食品药品监督管理总局等部委相关负责人出席会议并讲话。2018 年 9 月 27 日，在内蒙古呼伦贝尔召开第四届峰会，胡春华副总理、韩长赋部长参观 D20 企业展览，于康震副部长作主旨报告。2019 年 11 月 27 日，在上海召开第五届峰会，农业农村部于康震副部长发表主旨演讲，总畜牧师马有祥出席。

D20 企业奶源质量优良

2019 年，农业农村部抽检 D20 企业的生鲜乳样品 7 974 批次，占全国抽检总量的 60.05%。检测结果显示，D20 企业奶源质量良好，优于全国平均水平。

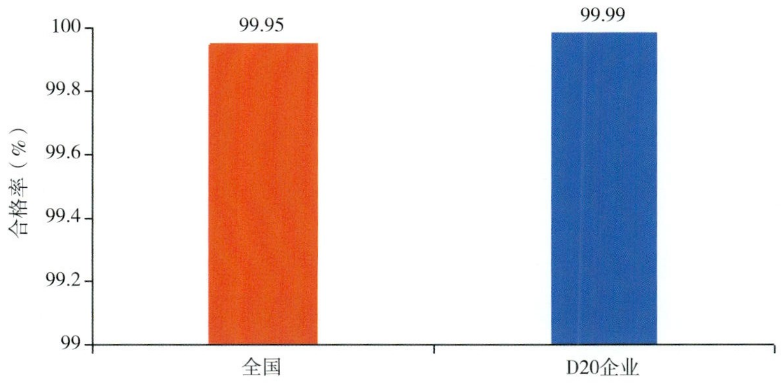

全国及 D20 企业生鲜乳监测合格率情况

数据来源：农业农村部

D20 企业名单

内蒙古伊利实业集团股份有限公司
内蒙古蒙牛乳业（集团）股份有限公司
光明乳业股份有限公司
现代牧业（集团）有限公司
石家庄君乐宝乳业有限公司
北京三元食品股份有限公司
西安银桥乳业（集团）有限公司
内蒙古圣牧高科牧业有限公司
黑龙江飞鹤乳业有限公司
黑龙江省完达山乳业股份有限公司
新希望乳业股份有限公司
中地乳业集团有限公司
济南佳宝乳业有限公司
中垦乳业股份有限公司
河南花花牛乳业集团股份有限公司
南京卫岗乳业有限公司
贝因美婴童食品股份有限公司
广东燕塘乳业股份有限公司
新疆天润乳业股份有限公司
福建长富乳品有限公司

5 家观察员名单

辽宁辉山乳业集团有限公司
皇氏集团股份有限公司
山东得益乳业股份有限公司
新疆西域春乳业有限责任公司
天津嘉立荷牧业集团有限公司

附录　乳品科普知识

乳品科普知识

◎奶的营养与免疫

奶营养丰富，是人的优质食物来源。2016 年 10 月，《“健康中国 2030”规划纲要》发布实施，国家科学引导合理膳食，全面普及膳食营养知识，推进健康饮食文化建设。《中国居民膳食指南》（2016）中推荐，每人每天摄入不少于 300 克奶。2019 年 7 月，《国务院关于实施健康中国行动的意见》中，提倡平衡膳食，食物多样化，建议每天都要摄入包括奶类在内的多种食物。2020 年 2 月 8 日，国家卫生健康委员会《新型冠状病毒感染的肺炎防治营养膳食指导》中重点提出，尽量保证每人每天摄入 300 克奶及奶制品，特别提出可以多饮用酸奶。奶不仅提供营养，更重要的是促进健康，婴幼儿、孕妇、哺乳期妇女、老年人及有条件人群可以适当增加饮奶量。

喝牛奶，坚持喝，既强身，又健体。牛奶中含有蛋白质、脂肪、乳糖、钙、磷、维生素 B_1、维生素 B_2 以及其他多种矿物、维生素和生物活性成分（如乳铁蛋白、免疫球蛋白等）等有益人体健康的物质，这些营养物质组成比例适宜，易被消化吸收。因此，牛奶被誉为大自然赐予人类“最接近完美的食物”，适合各年龄段的人群饮用。同时，奶中丰富的生物活性物质，如免疫球蛋白、酶类、抗菌蛋白、肽类、低聚糖、脂质以及许多低浓度的成分，有助于机体抵御致病菌或病原体的侵害，提升免疫水平，可以很好地保护人类健康。

乳品科普知识

◎奶是天然的营养库

奶及奶制品，含有丰富的优质蛋白质、脂肪、乳糖、矿物质和维生素等营养物质，营养均衡、易于吸收。以牛奶为例，牛奶中含有乳蛋白、乳脂肪、维生素和微量元素等 20 多种人体所必需的营养物质，营养价值高。牛奶中含有人体所需的全部必需氨基酸，而且氨基酸比例适宜，是人体优质蛋白质的重要来源之一。牛奶中钙含量丰富，且吸收利用率高，是人体中钙的良好膳食来源。

◎蛋白质是提高人体免疫力的法宝

人体与外来病原体进行“斗争”的过程中，需要机体内 T 细胞、NK 细胞和 B 细胞等免疫细胞，以及抗体、炎症因子、补体以及颗粒酶等免疫因子，共同与病原体进行“作战”，这些免疫细胞的生存和免疫因子的产生，都需要蛋白质的参与。牛奶蛋白所含的氨基酸种类齐全，消化利用效率高，能够快速提供大量氨基酸用于免疫系统各种蛋白质的合成。

乳品科普知识

◎奶中生物活性蛋白的免疫作用

奶中的蛋白质中含有能调节免疫功能的成分，如乳铁蛋白、乳生物活性肽等。乳铁蛋白，尤其是低温乳制品中含量较高，乳铁蛋白不仅参与身体内铁的转运，还具有广谱抗菌、抗病毒效果。最新研究发现，乳铁蛋白能通过诱导体内产生抑制炎症反应的细胞，调控过度的炎症反应。乳生物活性肽，是由乳蛋白经酶解而得，由消化酶或蛋白酶分解产生。这些肽类被分泌到体内发挥多种免疫调节功效。酪蛋白和乳清中都含有免疫调节活性肽，它们参与人淋巴细胞、巨噬细胞吞噬活性，以及抗体合成和细胞因子的调控活动。从奶中提取的抗菌肽，能抑制许多革兰氏阳性和阴性病原体，包括大肠杆菌、产气单胞菌、沙门氏菌、金黄色葡萄球菌等。另外，奶中所含的溶菌酶、乳过氧化物酶能在肠内发挥抗感染作用，激活免疫系统，增强免疫细胞的活力或提高机体对致病菌的抵抗力。

◎奶中生物活性物质功能与价值

奶中生物活性物质是指来自生物体内，对生命活动产生有益影响的微量或少量物质。这些物质天然存在于奶中，主要包括消化及肠胃调解因子、对胃肠道有潜在影响的血流动力学调节因子、乳腺及幼儿发育的激素和生长因子、免疫调节因子、疾病防御及微生物控制因子等。

乳品科普知识

◎奶与肠道免疫

牛奶中携带了乳酸杆菌、类杆菌以及梭菌等有益菌，它们能够到达人体肠道，并在肠道中快速定植。这些有益菌能够通过激活肠道许多抑制炎症应答的免疫细胞、刺激产生黏液、调控肠道内皮细胞通透性来抑制病原体，参与调节免疫反应的强度。同时，有益菌还能够刺激上皮细胞和潘氏细胞释放抗菌肽到肠道黏膜层，对入侵肠道的病原体起到预防作用。

◎奶是机体免疫系统的天然调节器

奶可以发挥对机体免疫系统的调节作用。在生命早期，母乳不仅提供必要的营养成分，还提供非常重要的免疫保护，其中包括能够直接参与免疫保护的抗体和抗菌肽，还包括促进免疫发育的寡糖、微生物以及免疫细胞。母乳中所蕴含的这些生物活性成分，在保护机体健康方面发挥着关键作用，如维持免疫稳态、促进免疫发育、直接免疫保护以及塑造健康的肠道微生态等，在自然状态下生物都是在接近体温的环境下摄入母乳。在日常生活中，人们更多关注奶的营养成分，而容易忽略奶中更为重要的生物活性成分。值得注意的是，奶制品在生产中若过热加工，会极大地破坏奶中的生物活性成分而失去生物调节的作用。

乳品科普知识

◎奶中主要营养成分

✧ 乳蛋白：科学研究表明，奶中的蛋白质包含了人体所需的全部必需氨基酸，消化率达 96% 以上，是优质全价蛋白质，用于免疫系统各种蛋白质的合成，是对人体健康有益的全蛋白。

✧ 乳清：是生产奶酪或酪蛋白的副产品，乳清的成分主要包括 β－乳球蛋白、α－乳清蛋白、牛血清白蛋白、乳铁蛋白、免疫球蛋白、乳过氧化物酶、糖巨肽、乳糖及矿物质等。乳清还被认为有预防心血管疾病和骨质疏松症的作用。

✧ 乳清蛋白：是奶中乳蛋白的重要组成部分，约占乳蛋白的 20%，主要包括 β－乳球蛋白、α－乳清蛋白、牛血清白蛋白、乳铁蛋白、免疫球蛋白等。乳清蛋白的特别之处在于含有优质蛋白质所有的必需氨基酸。

✧ β－乳球蛋白（β－LG）：是最具有代表性的乳清蛋白组成成分，β－乳球蛋白约占牛奶乳清蛋白含量的 50% 左右，它是必需氨基酸和支链氨基酸的一个来源。β－乳球蛋白是肽的一个极好来源，这些肽具有广泛的生物活性，例如降血压、抗菌、抗氧化、抗癌、免疫调节、降胆固醇及其他代谢作用。

✧ α－乳白蛋白：是多种活性肽和必需氨基酸的重要来源，具有一定的抗菌特性。美国加州大学的研究表明，α－乳白蛋白可能通过调节肠道菌群潜在地影响免疫应答，从而起到改善免疫力的功效。

✧ α－乳清蛋白：是乳清中含量第二多的蛋白质，大约占乳清蛋白总含量的 20%，对人类腺癌细胞系具有显著的抗增殖作用，还能杀死肿瘤细胞，杀灭上呼吸道系统细菌，对胃黏膜具有保护作用。由于 α－乳清蛋白能够抑制细胞分裂，因此在降低某些癌症的风险方面起着至关重要的作用。

乳品科普知识

✧ 乳铁蛋白：是一种糖蛋白，是目前公认的具有多效免疫调节活性的蛋白质，它作为天然免疫屏障保护机体。乳铁蛋白是一种重要的宿主防御分子，具有抑菌、抗病毒、抗癌、免疫调节和抗氧化等一系列生理功能。乳铁蛋白与铁有很高的亲和力，能增强铁的生物利用率、激活免疫系统、调节肠道菌群。研究表明，病毒入侵的早期，乳铁蛋白是通过防止病毒对宿主细胞的识别和入侵达到抗病毒作用。由于巴氏杀菌乳杀菌条件较温和，可以更好地保留其生物活性。

✧ 免疫球蛋白（Igs）：免疫球蛋白是抗体，是一类具有多种生物活性的球状蛋白质，其含量占乳清总蛋白的 10%~15%。乳免疫球蛋白的生物学功能是给予后代一种免疫保护，抵御微生物病原体和毒素，以及保护乳腺免受感染。已有大量研究表明，免疫球蛋白具有重要的生物学特性并有一定的药用潜力，对于中老年人群，适当摄取后具有良好的促进免疫作用。

✧ 乳脂肪：乳脂肪是乳的主要成分之一，在乳中的平均含量为 3%~5%。乳脂肪中 98%~99% 是甘油三酯，还含有约 1% 的磷脂和少量的甾醇、游离脂肪酸以及脂溶性维生素等。乳脂肪的组成主要为短链和中链脂肪酸，由于脂肪球直径小，呈高度乳化状态，极易被人体吸收。乳脂肪含有人类必需的脂肪酸和磷脂，也是脂溶性维生素的重要来源，其中维生素 A 和胡萝卜素含量很高。乳脂肪提供的热量约占牛奶总热量的一半，所含的卵磷脂能大大提高大脑的工作效率。

✧ 乳脂中的共轭亚油酸（CLA）：是亚油酸的同分异构体，普遍存在于任何动物体内的营养元素。数据表明，共轭亚油酸在动物模型中有抗癌作用，可降低女性乳腺癌发生率，作为抗氧化剂，影响类花生酸代谢，抑制与癌发生有关的蛋白和多聚核苷酸的生物合成。

乳品科普知识

✧ 乳过氧化物酶：乳过氧化物酶是乳清中一种重要的酶，其生物学意义在于它是一个抵御微生物入侵的天然保护系统，能对新生儿消化系统的病原体微生物起到防御作用。这种酶能催化某些分子和过氧化氢的还原反应，产生能抑制或杀死多种细菌的产物，其耐热性较好，在巴氏杀菌过程中不会被灭活，活性保留率高。

✧ 糖巨肽：也被称为酪蛋白巨肽（CMP），占乳清蛋白总量的10%~15%，它是在奶酪制作过程中由凝乳酶降解酪蛋白而产生。糖巨肽能够抑制胃酸分泌，改变消化调节肽的血液浓度，抑制致龋细菌如变形链球菌等对口腔表面的粘附，保护牙齿。

✧ 矿物质：奶作为矿物质的饮食来源，富含钙、磷、镁、钾、钠、氯、硒、铁等矿物质，在人体生理和代谢方面具有生物活性，还可能会影响肠道吸收和利用程度、运输、细胞同化、生物活性物质转化和生物利用度等。如牛奶中的钙、磷不仅数量多，而且比例比较适当，乳中的钙人体易吸收，对于佝偻病、老年骨质疏松症都有较好的预防和治疗作用，同时它与牛奶中的酪蛋白磷酸肽共同作用可以预防龋齿。

✧ 维生素：所有已知的维生素都存在于奶中，奶是人类饮食需求维生素的丰富来源，特别是维生素 B_1、维生素 B_2（核黄素）和维生素 B_{12}，是人体营养和健康不可或缺的物质。